LETTRE

À Monsieur le Président et à Messieurs les Membres

DE LA

COMMISSION SUPÉRIEURE

DU

TRANS-SAHARIEN

PAR

A. DUPONCHEL

INGÉNIEUR EN CHEF DES PONTS ET CHAUSSÉES

MONTPELLIER

TYPOGRAPHIE ET LITHOGRAPHIE DE BOEHM ET FILS

Imprimeurs de la Société de Géographie.

1880

LETTRE

A Monsieur le Président et à Messieurs les Membres

DE LA COMMISSION SUPÉRIEURE

DU MÊME AUTEUR

Le Chemin de fer Trans-Saharien, jonction coloniale de l'Algérie au Soudan. — Études préliminaires et Rapport de mission. — 1 volume in-8°, avec Carte. — Prix : 6 fr. Librairie HACHETTE, boulevard Saint-Germain, Paris.

LETTRE

A Monsieur le Président et à Messieurs les Membres

DE LA

COMMISSION SUPÉRIEURE

DU

TRANS-SAHARIEN

PAR

A. DUPONCHEL

INGÉNIEUR EN CHEF DES PONTS ET CHAUSSÉES

MONTPELLIER

TYPOGRAPHIE ET LITHOGRAPHIE DE BOEHM ET FILS

Imprimeurs de la Société de Géographie.

—

1880

COMMISSION SUPÉRIEURE DU TRANS-SAHARIEN

LETTRE

A Monsieur le Président et à Messieurs les Membres

DE LA COMMISSION SUPÉRIEURE

Monsieur le Président,
Messieurs et chers Collègues,

Resté en dehors des dernières études concernant le Trans-Saharien, je ne saurais me désintéresser cependant de l'avenir d'une entreprise dont j'ai été l'unique promoteur, et qui sans mon initiative, je crois pouvoir le soutenir, n'aurait même pas de nom. Ce n'est pas que je veuille revendiquer la priorité à propos de l'idée du chemin de fer de Tombouctou. Sous ce titre fantastique, elle existait depuis longtemps dans le domaine de la féerie. Si les plus hardis avaient pu concevoir l'espérance qu'elle en sortirait peut-être dans un avenir lointain, il n'en fallait pas moins un certain courage pour la présenter au grand jour et essayer de la faire accepter par l'opinion publique comme une conception essentiellement pratique et immédiatement réalisable.

Si j'ai été assez heureux pour obtenir ce dernier résultat, je crois devoir l'attribuer surtout à l'énergie de ma conviction, fruit d'une étude longuement et sérieusement réfléchie, qui m'a permis de formuler quelques principes que je me permettrai de vous rappeler en peu de mots.

On ne saurait mettre en doute, ai-je dit en débutant, les avantages que nous trouverions, au double point de vue de notre ascendant moral et de notre prospérité matérielle, à nous assurer un large établissement colonial au centre du continent africain. Tous les explorateurs qui depuis un siècle ont péniblement parcouru ces vastes régions, séparées du reste du monde par des déserts et des marais pestilentiels, s'accordent à nous les représenter comme naturellement riches et fécondes, habitées par des races nombreuses, éminemment aptes au travail agricole des pays chauds, mais abruties par une idolâtrie grossière et les pratiques dissolvantes de l'esclavage et de la traite.

Si, par une voie d'accès facile et rapide, nous pouvions pénétrer au milieu de ces populations déshéritées, exercer sur elles un protectorat pacifique et les amener peu à peu à jouir des bienfaits de la paix et de la civilisation moderne, qui pourrait mettre en doute que, promptement régénérées par l'appui d'une administration sympathique et bienveillante, elles ne devinssent en nos mains un élément de forces nouvelles, tout en assurant d'inépuisables débouchés à notre commerce et à notre industrie !

Ces résultats économiques et politiques seraient évidemment la conséquence nécessaire de l'ouverture d'un chemin de fer de premier ordre qui, franchissant d'un bond les solitudes du Sahara et se ramifiant au-delà, mettrait à nos portes les contrées réellement fertiles du Soudan.

J'ai posé en fait et je crois avoir établi que la construction de ce chemin de fer serait relativement facile si l'on voulait l'aborder résolûment, sans tâtonnements préalables, sans stériles essais de nos forces, qui ne pourraient que les affaiblir, sans études préliminaires aussi inutiles que coûteuses. Si nous voulons aller au Soudan, ai-je dit, et je ne saurais trop le répéter : « ce n'est plus isolément et » sans armes, à la queue d'une caravane indigène ou sous » la garde d'une escorte insuffisante de chameliers que

» nous devons y pénétrer ; mais en locomotive, avec toute
» la puissance matérielle, tout le prestige moral dont no-
» tre supériorité industrielle et civilisatrice nous permet-
» tent de disposer ; avec l'aide d'un chemin de fer nous
» suivant pas à pas, engin tout à la fois de conquête, de
» ravitaillement et d'exploration. »

En résumé : le *but*, la conquête de l'Afrique centrale
aussi loin qu'il nous conviendra d'aller ; le *moyen*, l'établissement du chemin de fer Trans-Saharien , supprimant
l'obstacle matériel du désert ; les *détails pratiques*, enfin,
concernant les procédés d'exécution de la voie de fer. Tels
étaient les trois termes généraux d'un programme dont
on a pu railler l'esprit philosophique, mais qui n'en a pas
moins dû à l'enchaînement logique de ses déductions l'ac-
cueil favorable que l'opinion publique a bien voulu lui
faire.

La question ainsi posée, la Commission supérieure char-
gée de l'apprécier eût peut-être mieux fait de ne l'envi-
sager que dans son ensemble, au point de vue des principes généraux, au lieu de vouloir entrer dans la discussion
nécessairement confuse des détails. Elle en a jugé autrement, et, après une série de premières délibérations, elle
a cru devoir sanctionner de son vote un programme
complexe d'études et de recherches préparé dans les bu-
reaux ministériels.

Quelque pénible qu'il m'ait été, pour mon compte,
d'avoir à me tenir à l'écart d'une affaire que son enfante-
ment m'avait en quelque sorte rendue toute personnelle,
je n'ai pas cru pouvoir accepter la part de collaboration
restreinte qui m'avait été réservée dans ce programme ;
non que je trouvasse ce rôle effacé au-dessous de mon
dévouement, mais parce que j'entrevoyais l'avortement
probable de cette série d'études confuses et disjointes,
manquant de toute unité d'action et d'appréciation.

Depuis le jour où mes premières propositions ont été
soumises à la Commission, plus d'un an s'est écoulé, plus

d'un million peut-être a été dépensé en études, missions
ou faux frais de toute sorte ; et je crois qu'il en est beaucoup parmi nous qui, se reportant en arrière, pourront se
demander en quoi la question a été élucidée à leurs yeux ;
si, somme toute, elle n'a pas reculé plutôt qu'avancé , se
trouvant aujourd'hui bien en deçà du point où je l'avais
posée au début.

C'est du moins avec cette conviction particulière que je
crois de mon devoir de chercher à ramener l'affaire dans
sa véritable voie, adjurant toutefois mes Collègues de ne
voir dans les nouveaux développements qui vont suivre
que ce qui s'y trouve réellement : mon dévouement absolu
aux intérêts du pays et non de vaines et stériles récri-
minations dictées par des sentiments d'amour-propre
froissé.

J'aurais eu assez d'abnégation patriotique pour applaudir des premiers au succès, si l'entreprise avait résolûment
marché en d'autres mains que les miennes. Si j'interviens
à nouveau, c'est uniquement parce que je la vois près
d'échouer ou de se perdre à jamais dans un inextricable
dédale de recherches et d'études ordonnées au hasard, sans
but défini et sans portée pratique.

Pour faire apprécier ce qu'on peut attendre de la conti-
nuation de ces recherches, il me paraît indispensable
d'examiner ce qu'elles ont déjà produit.

Je ne dirai que peu de chose des études proprement
dites, de première catégorie, faites en territoire algérien.
Les résultats définitifs n'en ont pas encore été soumis à la
Commission. J'ai pu apprécier personnellement, dans un
voyage récent, avec quel zèle, quel dévouement s'en étaient
occupés ceux de mes Collègues qui en avaient été chargés ;
mais j'ai dû constater en même temps que, faites en dehors
de toute direction effective, suivant des tracés mal dé-
finis, arbitrairement indiqués de Paris, ces études n'auraient ni la certitude d'évaluation d'un projet définitif, ce
qui aurait été du reste peu utile; ni la généralité d'une re-

connaissance sommaire, qui, pour donner des résultats complets, aurait dû porter sur un plus grand nombre de points de passage. La sous-commission des études techniques, d'ailleurs, dans sa dernière séance du mois de juin, a apprécié comme moi ce côté de la question. Renonçant à attendre les résultats plus ou moins complets des études primitivement demandées, elle n'a plus réclamé des ingénieurs de l'Algérie que des chiffres sommaires de comparaison, s'appliquant surtout aux longueurs, aux pentes et aux altitudes, qui auraient pu être fournis beaucoup plus tôt et avec des dépenses vingt fois moindres si l'on avait su s'en contenter au début.

La question des explorations faites en territoire saharien est beaucoup plus grave. Les résultats en ont été plus chèrement acquis, et je ne sais jusqu'à quel point on peut les considérer comme satisfaisants.

Des quatre missions qui ont remis leur rapport, une seule a à peu près abouti, celle de M. Choisy, qui a longé à distance la majeure partie de l'itinéraire que j'avais arrêté et conseillé, lorsque moi-même je comptais en prendre la direction.

Des considérations de sécurité imposées par l'insuffisance de l'escorte militaire qui accompagnait la mission, l'ont obligée à s'écarter de l'itinéraire indiqué au départ de Laghouat, et à se maintenir sur le plateau du M'zab, au lieu d'en suivre le pied occidental. L'exploration de la vallée de l'O-Lua, telle que je l'avais conçue, reste encore à faire. La mission n'a pu la voir que de loin une seule fois, à 200 mètres au-dessous d'elle, et les renseignements qu'elle nous a fournis sont loin d'être concordants. M. Choisy nous représente en effet l'O-Lua comme une vallée sinueuse, escarpée ; M. Rolland, au contraire, comme une plaine uniforme s'étendant à perte de vue, sans relief sensible, dans la direction du désert Oranais.

La mission, il est vrai, a reconnu que dans la direction malheureusement défectueuse qu'elle avait dû suivre, il serait relativement facile de construire un chemin de fer dont les pentes ne dépasseraient pas un maximum de 0,015. C'est mieux que je n'aurais pu l'espérer d'un tracé ouvert à travers un plateau calcaire de 200 mètres d'altitude relative, nécessairement recoupé par de nombreux ravins. C'est un résultat dont il faudrait savoir se contenter si l'on ne pouvait trouver mieux. Mais, jusqu'à preuve contraire, je continue à penser qu'en abandonnant les escarpements du plateau pour suivre la dépression qui en occupe la base, plaine ou vallée, il serait facile de trouver un tracé infiniment plus commode, dont les inclinaisons resteraient au-dessous de 0,005, et qui, en même temps qu'il ne présenterait pas plus de sables, offrirait plus de chances d'y rencontrer de l'eau.

En somme, je ne crois pas amoindrir le résultat de la mission Choisy en constatant qu'elle a surtout confirmé mes indications sur la possibilité d'arriver à la hauteur du parallèle d'El-Goléah par deux directions différentes, sans rencontrer aucun obstacle sérieux à la construction d'un chemin de fer.

Quant aux trois autres missions, tout en rendant pleine justice au dévouement, au courage, à l'énergique résolution de ceux qui en étaient chargés, force nous est de reconnaître qu'elles sont restées fort en deçà du but qu'on leur avait assigné ; et il était facile de le prévoir.

M. Pouyanne, chargé de reconnaître par lui-même ou des délégués de la Société de Géographie d'Oran le tracé longeant la frontière marocaine, n'a pu franchir la limite du Tell algérien, et a dû, pour le reste, s'en rapporter à des renseignements indigènes, analogues à ceux qui avaient été précédemment recueillis par M. le général de Colomb. Je suis loin toutefois de méconnaître l'importance de ces nouveaux documents, et surtout celle du rapport de M. Sabatier. Il me paraît démontrer jusqu'à l'évidence ce fait, que je n'avais pu énoncer qu'avec plus de réserve : que du Touat on peut se rendre au coude du Niger par une

voie plane et facile, exempte de sables, si toutefois, ce qui
paraît de plus en plus probable, on n'a pas l'heureuse
chance de trouver dans cette direction une vallée continue,
poursuivant jusqu'au grand fleuve africain le lit d'écoule-
ment souterrain de l'O-Guir inférieur.

Les deux missions dont je viens de parler étaient des-
tinées à reconnaître surtout la région du Sahara algérien.
Les deux dernières, formant une troisième catégorie, avaient
un but plus lointain.

M. Soleillet, parti de Saint-Louis sans escorte, se pro-
posait d'aboutir à Tombouctou comme première étape, pour
en revenir par les oasis du Touat, suivant le tracé le plus
probable, en tout cas le meilleur, à mon avis, du chemin
de fer Trans-Saharien. Ayant toutefois reconnu dans un
voyage précédent l'impossibilité d'accomplir la première
partie de son programme en suivant la voie du Niger,
M. Soleillet s'était proposé d'y arriver par les routes du
désert, et c'est dans cette intention qu'il s'était dirigé vers
l'Adrar, en suivant le long du littoral maritime l'ancien
itinéraire de MM. Panet et Vincent. Arrêté et brutalement
dévalisé à quelques centaines de kilomètres de Saint-Louis,
il a été obligé d'y revenir sans avoir fait un seul pas dans
la direction réelle de Tombouctou.

M. le colonel Flatters avait été chargé de reconnaître
une autre direction qui, abandonnant la route habituelle
des caravanes vers le Niger, aurait traversé les plateaux
dépendant du massif des Hogghars, pour redescendre sur
le Haoussa et le bassin du lac Tchad. Bien qu'il eût un
personnel et des ressources d'escorte qui manquaient à
M. Soleillet, M. Flatters n'a pas obtenu de résultats beaucoup plus positifs. Arrêté par un parti de Touareg avec
lesquels il a longuement parlementé, il s'est vu, en dépit
de cadeaux plus ou moins volontaires, obligé de dévier
de sa route pour prendre celle de Ghat, où il devrait s'entendre avec le chef de leur tribu; et finalement il a dû
rentrer en Algérie pour se ravitailler de vivres et d'argent.

Encore une fois, en rappelant sommairement le terme final de ces deux expéditions, je n'entends pas plus contester l'importance de leurs résultats scientifiques ou matériels que l'intelligente résolution de ceux qui les ont dirigées. Les rapports des chefs de mission sont en nos mains, et chacun de nous a pu apprécier en connaissance de cause la valeur des renseignements nouveaux que nous leur devons.

Mais quelle que soit l'importance de ces documents, quelques regrets que nous puissions avoir que ces missions n'aient pu atteindre, à beaucoup près, les limites extrêmes qu'elles s'étaient elles-mêmes assignées, une première conséquence qu'il m'a paru nécessaire d'en tirer a été qu'il serait tout au moins imprudent de vouloir les recommencer. Si l'insuccès pouvait être douteux l'an dernier, il est parfaitement certain aujourd'hui.

Du moment où les coupeurs de route qui ont dévalisé M. Soleillet et arrêté M. Flatters ont pu constater que toute impunité leur était acquise, ils n'auront garde de renoncer à un genre d'opération aussi fructueux que peu dangereux pour eux. Dans tout nouvel explorateur qu'on leur enverra sans un appareil militaire suffisant pour garantir sa sécurité et lui ouvrir un passage à main armée, les indigènes du Sahara ne verront qu'une proie facile à exploiter, et ce sera parmi eux une chasse à courre pour arriver des premiers à la curée. Les procédés de spoliation pourront différer, comme ils l'ont fait déjà. On pourra, suivant les circonstances, dévaliser ou simplement rançonner nos explorateurs; mais le résultat sera toujours le même, et, ce qui est plus grave encore, plus nous persisterons dans cette voie, plus nous verrons s'amoindrir le prestige de force et d'autorité que nous aurions eu tant d'intérêt à maintenir intacts dans le Sahara.

Mes observations sur ce point n'ont pas été accueillies par la Commission supérieure. Les deux missions sahariennes vont repartir. Dieu veuille que, trompant mes tristes prévisions, elles puissent cette fois remplir leur programme en entier ! Je le désire ardemment, et je me serais abstenu de toute critique rétrospective, si cette critique ne devait pas porter plus encore sur l'inutilité technique de ces explorations que sur leur impossibilité matérielle.

Admettons en effet que MM. Soleillet et Flatters reviennent au printemps de 1881, après avoir accompli leur programme. La Société de Géographie leur accordera à bon droit la médaille d'or; mais en quoi le succès de ces explorations avancera-t-il la question du Trans-Saharien si l'on en avait différé jusque-là la solution ?

Je ne conteste pas l'importance qu'il pourrait y avoir à corroborer du témoignage d'un Européen éclairé, ayant lui-même parcouru le trajet du Niger en Algérie par le Touat, les renseignements que nous possédons déjà sur cette région. Mais dans les conditions d'isolement où voyage M. Soleillet , dépourvu de tout moyen d'investigation scientifique , il n'est pas à présumer qu'il puisse nous rapporter de cette nouvelle exploration plus qu'il ne l'a fait des précédentes: un ensemble d'observations topographiques ou géodésiques assez précises pour permettre d'ajouter quelques traits importants à la Carte physique du Sahara. Le Sahara n'est point en effet un pays inconnu, mais un pays fermé, qui n'a pas été scientifiquement exploré par nos nationaux, mais que parcourent journellement des indigènes, dépourvus de connaissances scientifiques, il est vrai, mais doués d'un sens d'observation pratique qui leur permet de s'orienter dans ces vastes solitudes mieux que nous ne saurions le faire nous-mêmes; habitués dès l'enfance à prêter une attention sérieuse et réfléchie aux aspects physiques du sol, si intimement liés à sa nature géologique et à son orographie. Bon nombre d'entre eux ont ainsi acquis un faisceau de connaissances locales, confuses sans doute, mais qui, lorsqu'elles sont recueillies, interprétées, discutées et comparées par des hommes doués d'un véritable talent d'analyse, leur permettent d'en déduire des travaux synthétiques d'une très-sérieuse importance, comme ceux que nous devons aux patientes et lumineuses investigations de MM. Duveyrier et de Colomb.

Tel ne me paraît pas être le genre d'esprit de M. Soleillet, qui, dans le but de ses explorations, voit plutôt le fait du voyage en lui-même que l'utilité des renseignements qu'il pourrait en rapporter. Voyageant à l'aventure, commentant en chemin Rabelais ou Montaigne, il a emprunté à ce dernier une devise qui ne saurait nous laisser de doute à cet égard. Ne s'imposant d'autre tâche que de nous tenir au courant, avec la plus scrupuleuse exactitude, de ses moindres incidents de route, il croit fort inutile de porter son attention ou d'appeler la nôtre au-delà. Je ne conteste pas le charme particulier qu'un tel genre de narration personnelle peut avoir pour le gros des lecteurs, qui, ne cherchant qu'une distraction momentanée dans un journal de voyages, aiment à s'identifier avec le narrateur et à partager ses impressions les plus intimes. Mais pour l'ingénieur en quête de renseignements précis sur la configuration et la nature physique des pays à travers lesquels il est appelé à projeter une voie de fer, il faudrait des renseignements d'un ordre tout différent, qu'on ne trouve pas dans les relations de M. Soleillet, qui n'ont été jusqu'ici accompagnées d'aucune carte, d'aucun croquis d'itinéraire permettant de le suivre dans sa marche.

Par les connaissances variées du personnel nombreux qui la composait, la mission Flatters était sans doute à même de nous rapporter des renseignements scientifiques d'une plus grande portée sur les pays qu'elle a traversés. Ce n'est donc pas l'organisation de la mission que je crois devoir critiquer, mais l'itinéraire qu'on lui a assigné, qui me paraît être en dehors du tracé normal que devrait suivre le Trans-Saharien.

Il est à cet égard nécessaire de reprendre la question

au point où je l'avais posée, pour mieux suivre les déviations qu'on lui a fait subir.

Le Trans-Saharien, tel que je l'ai compris, est destiné à nous faire franchir par une voie rapide l'obstacle stérile du désert, pour nous mettre en relations directes et faciles avec les régions productives de l'Afrique équatoriale, fertilisées par le retour périodique des pluies tropicales. Le tracé m'en paraît dès-lors devoir être déterminé par cette triple considération d'être le plus court, de présenter les moindres déclivités de profil et d'éviter le plus possible les difficultés de parcours inhérentes au pays, résultant surtout de la rencontre des dunes de sable.

Ces trois conditions m'ont paru devoir être également remplies par une direction qui, pouvant avoir trois points de départ différents en Algérie, n'aurait qu'un point d'arrivée unique, au centre du coude du Niger, à l'extrémité du Sahara.

Je ne reviendrai pas sur la question du point de départ, à mon avis secondaire, qui ne peut être déterminée que par des considérations algériennes, et qui a suscité dans les trois provinces des prétentions trop exclusives et trop passionnées pour que je croie nécessaire de me prononcer prématurément sur les résultats de l'enquête de fait qui s'est ouverte à ce sujet.

J'insisterai davantage sur la question du point d'arrivée.

On ne saurait dire au juste où finit le Sahara proprement dit. Ce n'est pas au 17ᵉ parallèle, car à Tombouctou, sous cette latitude, la saison des pluies ne dure pas plus de quarante jours. Il faut descendre beaucoup plus bas, au 15ᵉ, peut-être même au 12ᵉ parallèle, pour trouver des régions où les pluies soient assez abondantes pour permettre des cultures régulières.

Le Niger, dans son coude central, ne sépare donc pas plus le Sahara infertile du Soudan productif, que ne le fait le Sénégal plus à l'Ouest. L'un et l'autre fleuve traversent réellement le Sahara par les latitudes de 16° à 17°. Mais ils constituent en fait, par l'apport de leurs eaux fertilisantes, une large bande d'oasis qui supprime accidentellement le désert dans le sens transversal au Sud, absolument comme le Nil le supprime longitudinalement à l'Est dans la traversée de l'Égypte.

Arrivés à Bamba, comme je le propose, nous n'aurons donc pas complétement franchi le désert, mais nous aurons atteint une double bande de terres fertiles qui, dans deux sens différents, en remontant le Niger à l'Ouest, en le descendant à l'Est, pourront nous conduire dans les régions du Soudan productives par leurs propres ressources en eaux pluviales.

Si Bamba me paraissait être un point d'arrivée naturellement indiqué, le Touat, groupe d'oasis relativement fertiles au centre du Sahara, habité par des populations sédentaires nombreuses, industrielles et commerçantes, n'était pas moins un lieu de passage obligé, interrompant la continuité du désert, constituant au milieu de son parcours un centre de production et de consommation, un foyer de transactions et de trafic pour alimenter la voie ferrée.

Enfin, dans cette partie du tracé qui s'étend entre le Touat et le Niger, on a de plus en plus la certitude de trouver un pays complétement plan ou du moins sans ondulations sensibles, libre de dunes et de sables mouvants, pourvu d'eau sur la moitié tout au moins de son étendue.

En somme, le tracé qui, traversant le Touat, viendrait aboutir à Bamba, réunit à un degré inespéré toutes les conditions de bon établissement qu'on pouvait désirer. Comment de tels avantages ont-ils pu être méconnus par une partie des membres de la Commission, au point de les amener à proposer l'abandon de cette direction pour se rejeter vers l'Est à travers le pays montagneux des Touareg, en vue d'aboutir, en se maintenant obliquement dans le désert, non plus au Niger, mais directement aux rives du lac Tchad, deux fois plus éloigné de chez nous !

L'opinion de quelques-uns de nos Collègues paraît avoir été influencée en ce sens par deux ordres d'idées distincts que je définirai suffisamment en appelant l'un la question politique, l'autre la question maritime. Ces deux questions ont en effet motivé dans le sein des sous-commissions des discussions nombreuses, sur lesquelles il me paraît convenable de revenir.

S'il est un fait à mon avis regrettable, c'est que, dès le début de ses travaux, la Commission, en admettant qu'il serait institué une sous-commission des questions internationales, ait paru admettre officiellement que de pareilles questions pourraient se présenter et être prises en sérieuse considération.

Qu'on eût pu prévoir ces questions, les discuter et en démontrer l'inanité en comité secret, à la rigueur je l'aurais compris ; mais il n'en est pas moins fâcheux qu'elles aient été indiquées et signalées dans des procès-verbaux destinés à la publicité.

Quoi qu'il en soit, il a donc été admis que des difficultés internationales pourraient se produire. Il ne saurait être cependant question pour le moment de différends réels avec les puissances européennes ou américaines, qui seules entretiennent avec nous des relations diplomatiques régulières. Nous ne saurions avoir de conflit avec elles que si nous pénétrions dans le cercle restreint d'influences que leurs diverses possessions maritimes peuvent leur permettre d'exercer à une très-faible distance du littoral. Or, nous sommes encore trop loin de ces établissements coloniaux, et nous n'aurons aucun intérêt à chercher à les relier à l'empire essentiellement continental que nous nous proposons de fonder dans les régions de l'intérieur.

En dehors de ces points excentriques et de la partie de l'extrême Sud occupée par les Anglais, le reste du continent africain est libre de toute influence des peuples civilisés. Il appartiendra sans conteste au premier occupant, comme il est arrivé des contrées du nouveau Monde après

la découverte de l'Amérique , comme il est arrivé dans
des temps plus rapprochés de nous du centre de l'Asie, où,
la Russie d'un côté, l'Angleterre de l'autre, se sont avancées
librement jusqu'au jour où, à la veille de se trouver en
contact direct, elles ont eu à débattre les limites de leur
action respective.

Mais à défaut de nations européennes dont nous aurions
à redouter les revendications si nous pouvions porter
atteinte à leurs intérêts ou à leurs droits acquis, on a fait
intervenir le Maroc et plus tard la Turquie. De ce qu'il a
plu à quelques cartographes français ou allemands d'en-
glober dans les couleurs de l'empire marocain le groupe
des oasis du Touat, il s'est trouvé des esprits assez scrupuleux, je pourrais dire assez timorés, pour admettre que
nous ne pourrions y faire pénétrer notre chemin de fer
sans nous constituer en état de guerre avec cette puissance
barbaresque.

Nous ne sommes pourtant liés avec le Maroc que par un
traité officiel qui a suivi la bataille d'Isly et fixé nos frontières respectives. Cette délimitation a été faite malheureusement par des personnes peu au courant des antécédents
historiques. Nous avons sacrifié, probablement sans une
absolue nécessité, un territoire important en négligeant de
revendiquer pour frontière la Malouia, qui dès le temps
de l'occupation romaine avait constitué la frontière nettement définie par Salluste des provinces de Numidie et de
Mauritanie, des royaumes de Jugurtha et de Boccus.

Il n'y a sans doute pas à revenir sur ce fait regrettable, et nous devons respecter les frontières que nous
avons acceptées. Mais cette délimitation officielle, la seule
qui nous lie envers le Maroc, a été légalement arrêtée au
32ᵉ parallèle. Au-delà, dit le traité, ne se trouvent que
des déserts arides, incultes, sans valeur, sur lesquels aucune des deux puissances contractantes ne se reconnaît
de droits particuliers à exercer.

A quel titre le Maroc pourrait-il aujourd'hui revendiquer

le territoire du Touat, qui se trouve bien au-delà du
32ᵉ parallèle? Serait-ce parce que, dit-on, quelques grou-
pes d'indigènes, voulant se prémunir contre la possibilité
d'une occupation de notre part, ont cru devoir aller au
devant d'une suzeraineté qu'ils n'avaient jamais reconnue
jusque-là, en offrant au Maroc de lui payer un semblant
de tribut?

Mais si de tels titres constituaient des droits, le Maroc en
aurait de bien plus sérieux encore à réclamer au-delà.
Pendant plus d'un siècle, il a exercé une domination
effective sur toute la rive du Niger, de Tombouctou à Ghao,
où vivent encore en plusieurs points, notamment à Bamba,
les descendants des soldats de son armée d'occupation.

Il est évident que si nous devions nous arrêter devant
de telles réclamations, qui pourront d'autant mieux se
produire que nous avons paru les provoquer, il n'y aurait pas lieu pour nous de songer à étendre notre autorité sur le centre de l'Afrique, dont il n'est pour ainsi dire
aucun point qui, à une époque ou à une autre, n'ait été
soumis à l'influence plus ou moins directe de la conquête
musulmane. Tel est cependant un des principaux motifs
qui ont déterminé l'itinéraire de la mission Flatters, en
vue de chercher vers l'Est une ligne de passage qui se
trouvât entièrement en dehors des Oasis du Touat. Mais
ici s'est présentée une autre difficulté. M. Flatters, en même
temps qu'il était obligé de se dévier vers Ghat, a appris
que cette ville avait été récemment occupée par un déta-
chement de Turcs venant de Tripoli. La garnison serait
même relativement considérable. S'il fallait en croire les
indigènes, elle ne comprendrait pas moins de 100 hommes, ayant avec eux quatre pièces de canon; ce qui serait
beaucoup si nous comparons cette force armée avec celle
que M. Largeau a réellement trouvée dans la ville bien
autrement importante de Ghadamès, qui se composait de
cinq ou six hommes seulement. Quoi qu'il en soit, le fait
a été considéré comme acquis, et nous avons entendu un

de nos Collègues, principal promoteur de l'expédition
Flatters et religieux observateur des prétendus droits de
possession qu'il prête peut-être fort gratuitement aux puissances musulmanes, jeter ce cri d'alarme : « La route de
» l'Est nous est aujourd'hui fermée, comme nous l'était
» déjà celle de l'Ouest ; nous n'avons plus de libre que la
» trouée du Sud, qui d'un moment à l'autre peut nous être
» barrée à son tour si nous ne nous hâtons de prendre les
» devants, de nouer des relations diplomatiques avec les
» Touareg qui l'habitent, en nous assurant, coûte que
» coûte, leur concours par les moyens pacifiques, les seuls
» dont il nous soit permis d'user. » La conclusion de cet
incident a été que nous ne pouvions mieux faire que d'en-
voyer aux Touareg ambassade sur ambassade et cadeaux
sur cadeaux. Toute la question revenait à savoir à qui
nous devions les adresser de préférence, si c'était au grand
chef Ikenouken, qui réside à Ghat, ou au non moins grand
chef Itaren, qui réside à Idelès. Admettons que cette fois
les cadeaux arrivent à destination, qu'ils ne soient pas,
comme les derniers, saisis en route par des feudataires
peu scrupuleux; en quoi ces témoignages de notre muni-
ficence spontanée pourront-ils nous garantir le bon vouloir
réel de ceux dont nous allons ainsi implorer l'appui ? N'y
verront-ils pas avant tout un signe de notre faiblesse, un
véritable tribut que nous consentirions à leur payer béné-
volement, et qui ne pourrait que les rendre plus intraita-
bles et plus arrogants vis-à-vis de nous ?

Je suis, pour ma part, très-partisan des procédés les
plus pacifiques ; mais avec des peuples barbares et igno-
rants comme ceux auxquels nous aurons affaire, le meilleur moyen de vivre en paix est de savoir faire à propos
montre de notre force réelle et non de notre pusillanimité.
Les plus puissantes tribus de Touareg ne peuvent pas
mettre sur pied de guerre plus de 100 hommes armés de
mauvaises lances. Pour en avoir raison et faire respecter
nos chantiers sans effusion de sang, si jamais nous avions

réellement besoin d'occuper ou de traverser leur territoire,
j'aurais pour ma part plus de confiance dans une avant-
garde d'une cinquantaine de cavaliers armés de bons
chassepots et marchant en avant-garde d'une locomotive,
que dans les plus fastueuses ambassades et les plus som-
ptueux cadeaux envoyés à Ghat ou à Idelès. Si nous avions
à nous diriger plus à l'Est, ce n'est pas davantage les cinq
ou six hommes qui occupent Ghadamès, voire même
les 100 hommes qui peut-être occupent Ghat, qui pourraient nous barrer sérieusement la route.

Mais ce n'est d'aucun de ces deux côtés que nous de-
vrons aller, mais vers le Touat, où nous n'aurons même
pas à faire acte de puissance militaire, car les populations
indigènes auront trop à gagner à notre arrivée parmi elles,
pour ne pas accepter, avec autant de satisfaction que l'ont
déjà fait les habitants du M'zab, du Souf et de l'O-Rir, une
occupation qui sera pour elles un gage certain de sécurité
et de prospérité matérielle.

Il n'y aura, sachons le comprendre, de voie fermée pour
nous, sur la route de l'Afrique centrale, que celles que
nous ne voudrons pas nous ouvrir ou que nous aurons la
maladresse de laisser occuper par une puissance rivale
pouvant sérieusement compter avec nous. Pas plus la
Turquie que le Maroc n'ont à revendiquer de droits sérieux et encore moins de moyens d'action efficaces devant
lesquels nous devrions reculer. Le Maroc, en particulier,
qui ne peut maintenir sous son autorité les tribus qui
occupent le territoire que nous lui avons officiellement
reconnu, qui nous a autorisés à faire châtier par l'expédition Wimpfen les populations de la haute vallée de l'O-
Guir, n'aura garde de s'opposer à main armée à notre
occupation du Touat. Tout au plus pourrait-il, encouragé
par nos hésitations, émettre après coup quelques protes-
tations sans portée, dont la France n'aurait pas plus à tenir
conquête compte qu'elle ne l'a fait de celles du sultan
lors de la conquête de l'Algérie.

En regard de ces considérations dites politiques, qui ont une tendance fâcheuse à dévier le Trans-Saharien de son tracé naturel et direct vers le Niger central, sont intervenues d'autres considérations que j'appellerai maritimes, qui ne viseraient à rien moins qu'à en renverser le point de départ, à le reporter des rives de la Méditerranée à celles de l'Atlantique et du golfe de Guinée.

Nous ne nous rendons pas encore bien compte en France des résultats économiques que doit entraîner l'exploitation des chemins de fer. On s'est habitué à voir en eux un engin de transport nécessairement coûteux, si on le compare à la voie maritime. Je me suis efforcé, dans mon premier Rapport, de réagir contre cette opinion, à mon avis erronée. Si l'on compare, dans des conditions analogues, les deux modes de transport pour de grandes distances, à plein chargement, sans obligation de rompre charge en route, conditions qui sont celles des transports maritimes, il me paraît impossible de contester que, comme prix d'achat et d'entretien de matériel de transport, y compris l'usure des rails et comme frais de personnel et de combustible, un train de vagons pouvant convoyer 800 à 1000 tonnes de marchandises sur un chemin de fer à très-faible pente, coûtera moins qu'un bateau à vapeur de même puissance de transport.

En d'autres termes, pour fixer les points de comparaison, s'il était possible de faire surgir du Havre à New-York une étroite langue de terre, improductive en elle-même, mais sur laquelle on pourrait poser une voie de fer horizontale, son installation régulière ne tarderait pas à éteindre toute concurrence de la marine à vapeur, non-seulement pour le service des voyageurs, mais pour celui des marchandises. Elle pourrait prendre les uns et les autres à tout aussi bon marché. En tout cas, la sécurité et la rapidité relativement beaucoup plus grande qu'elle garantirait pour les transports, suffirait à compenser et au-delà le faible surcroît de frais de traction qu'elle exigerait.

Les faits, du reste, se chargent peu à peu de démontrer l'exactitude de cette assertion. Une grande partie des blés d'Amérique qui arrivent sur nos marchés en concurrence avec notre production nationale, ont dû parcourir chez eux, en voie de fer, des distances comparables à la traversée du Sahara.

En Europe même, bien que le progrès soit lent à se produire, nous avons vu s'établir entre les chemins de fer autrichiens, allemands et belges, un accord qui leur permet de convoyer les blés du Danube à la mer du Nord au tarif déjà très-réduit de 0 fr. 015 par tonne et par kilomètre, qui serait encore susceptible d'abaissement.

Dans une autre direction, nous avons vu, pour les communications rapides de l'Angleterre avec l'Inde, le transit de Calais-Marseille, substitué d'abord à la route de Gibraltar, céder la place au transit d'Ostende-Brindisi, qui sera bientôt distancé par celui de Salonique, en attendant que le trajet total se fasse par la voie du central asiatique.

Partout, et plus nous irons, nous verrons la voie de fer continentale remplacer la voie maritime, toutes les fois qu'il sera possible de l'établir.

Cette vérité économique n'a pourtant pas été acceptée par tous mes Collègues ; quelques-uns d'entre eux, ne voyant qu'un côté de la question, ont admis que, du moment où nous avions pour but d'occuper la vallée du Niger, mieux vaudrait, au lieu du Trans-Saharien, construire un chemin de fer reliant le Sénégal au grand fleuve intérieur.

D'autres, allant même plus loin dans cette voie, ont été jusqu'à chercher dans notre infime colonie du Gabon la tête du chemin de fer qui, après avoir parcouru les pays les plus inconnus, les plus insalubres de l'Afrique centrale, irait déboucher dans le bassin du lac Tchad.

Dans les deux cas on a raisonné sans tenir compte de la distance à parcourir par voie de mer ; en considérant comme à peu près indifférent que les marchandises que nous aurons à acheter aux populations de l'intérieur nous soient livrées en gare d'Alger, de Saint-Louis ou du Gabon.

Sans doute on peut donner une apparence de réalité à de telles combinaisons si, faisant abstraction de l'importance relative des localités et des différences de climat, on ne tient compte que d'un prix de fret arbitrairement choisi ; appliquant à la voie de fer des tarifs de 0 fr. 10 à 0 fr. 15 usités sur les petits réseaux de l'intérieur, tandis qu'on appliquerait à la voie de mer celui des grands transports maritimes, qui peut descendre au-dessous de 0 fr. 01.

Mais cette infériorité relative de la voie de fer disparaît si l'on veut bien reconnaître que pour de grandes distances et de pleins chargements, un chemin de fer bien construit peut abaisser ses tarifs à 0 fr. 02 et même au-dessous.

Restent en outre les deux questions, volontairement négligées, de l'importance des ports d'embarquement et du climat. Après deux siècles d'occupation, nous ne comptons pas au Sénégal 300 colons d'origine européenne. A vrai dire même, il n'en est pas un seul de race pure, la nôtre ne pouvant s'acclimater en ce pays ; tandis que nous avons plus de 200,000 colons français dans l'Algérie, qui est moins une colonie qu'une province française.

Un voyage de Marseille à Alger ou à Philippeville, dans lequel, sans perdre en quelque sorte la terre de vue, on arrive en 30 heures dans un pays identique au nôtre par son climat, ses productions, ses ressources de toute nature, ne saurait se comparer au voyage du Sénégal ou du Gabon, qu'on ne peut atteindre, après une longue traversée, sans avoir sacrifié en moyenne 15 à 20 0/0 de la durée de sa vie probable.

Si le chemin de fer Trans-Saharien était construit avec son prolongement jusqu'au Sénégal, personne ne saurait mettre en doute que la totalité des voyageurs et les 4/5ᵉ au moins des marchandises à destination ou en partance de France, ne prissent la voie de terre de préférence à celle de mer pour les points extrèmes, à plus forte raison pour les points intermédiaires du parcours.

Le Sénégal peut donc être une des issues naturelles du Trans-Saharien, mais il ne saurait être considéré comme le point de départ sérieux d'une exploitation coloniale de l'Afrique centrale.

A plus forte raison doit-il en être de même du Gabon; et je n'aurais pas besoin d'insister à cet égard, si cette combinaison n'avait été présentée et discutée par le rapporteur de la première sous-commission dans un rapport qui n'a pas, il est vrai, été explicitement approuvé par la sous-commission, mais qui n'en a pas moins été, en fait, la base du programme adopté pour les explorations.

Dans les idées du rapporteur, si le chemin de fer Trans-Saharien ne devait pas être complétement écarté, il n'aurait plus cependant pour but essentiel de nous ouvrir directement et exclusivement l'Afrique centrale, mais de relier l'une à l'autre, en leur donnant une issue accessoire sur la Méditerranée, la ligne du Gabon au lac Tchad, d'une part, et celle de Saint-Louis au haut Niger, d'autre part.

Bien que mis au second rang dans le programme, le Trans-Saharien n'en aurait pas moins, dans l'étendue du Sahara improductif, une longueur presque double de celle que je lui avais assignée. Il comprendrait un tronc commun remontant par l'Ighargar jusqu'à Aghelachen, au centre du massif des plateaux des Hogghars, d'où partiraient deux lignes allant, l'une gagner par un grand détour mon point d'arrivée de Bamba, l'autre se dirigeant en plein désert pour aller rejoindre, aux abords du lac Tchad, le futur tracé du Gabon.

Sans doute, dans l'opinion de la plupart des membres qui ont sanctionné ce programme, il ne pouvait être question que d'explorations ayant surtout un but scientifique.

Si le chemin de fer du Sénégal a eu l'heureuse chance de profiter du courant d'opinion publique qui s'est produit en faveur du Trans-Saharien pour prendre les devants et avoir été déjà l'objet d'une approbation législative, personne ne saurait encore proposer sérieusement d'installer au Gabon les chantiers de construction d'un chemin de fer qui aurait à cheminer à travers tous les blancs de la carte d'Afrique jusqu'au lac Tchad, où l'on se trouverait, en fin de compte, deux fois plus éloigné de l'Algérie que ne l'est le coude du Niger.

Le vote de la première sous-commission n'en a pas moins eu ce résultat fâcheux de venir à l'appui des hésitations que les questions prétendues politiques avaient déjà soulevées, en faisant admettre comme parfaitement possible que le Trans-Saharien, partant toujours de l'Algérie et non du Gabon, au lieu de suivre la voie plane, facile, exempte de sables, des vallées du Touat et de l'O-Guir, irait s'enfoncer dans le massif montagneux des Hogghars, pour ne rejoindre que par un long détour le coude du Niger.

C'est à l'étude de ce tracé, plus ou moins compliqué de son annexe du lac Tchad, qu'a été consacrée l'expédition Flatters. C'est à l'époque du succès fort problématique de cette exploration que paraîtrait devoir être ajournée la décision définitive à prendre sur la question du Trans-Saharien.

Il n'est que temps dès-lors de reprendre la question et de chercher à la dégager des suites de cet incident regrettable, qui, sous prétexte de modifier le tracé normal du Trans-Saharien, ne tend à rien moins qu'à en compromettre à tout jamais l'ouverture.

J'ai dit ce que je pensais des préoccupations politiques. Elles ne sauraient motiver une déviation quelconque du tracé normal et central.

Il me reste à étudier, au point de vue technique, celui qu'on a l'intention d'étudier avec celui que j'avais proposé de suivre. Pour embrasser la question dans son ensemble, je ne la restreindrai pas au Trans-Saharien proprement dit, à la traversée normale du désert. J'y comprendrai ses deux embranchements principaux allant aboutir, l'un au lac Tchad, l'autre au Sénégal, la question du Congo et du Gabon étant naturellement réservée à un avenir beaucoup plus lointain. Cette nécessité d'étendre dès à présent le programme du Trans-Saharien a été parfaitement définie par un de nos Collègues, qui, dans la dernière séance de la Commission générale, a émis l'avis qu'on ne devrait pas se poser pour objectif unique d'atteindre un point quelconque de l'Afrique centrale, mais d'établir dès le début un grand *barrage* transversal, allant de l'Est à l'Ouest, nous assurant la libre disposition de toutes les régions au Sud, fermant le passage à toute puissance rivale qui tenterait de nous faire concurrence en venant du Nord.

Ainsi entendu, le problème est nettement défini. Le Trans-Saharien doit se composer d'un tronc commun venant de l'Algérie, se dédoublant en deux lignes obliques constituant le barrage transversal qui s'étendrait du lac Tchad à Saint-Louis. Dans ces termes, le projet que j'ai présenté devient parfaitement comparable à celui du rapporteur de la première sous-commission. Dans l'un et dans l'autre, nous trouvons le tronc commun qui aura le même point de départ, à Ouargla par exemple, et les deux branches du barrage. Toute la question revient à savoir si le point de bifurcation doit être placé à Bamba, au sommet du coude du Niger, comme je l'ai proposé dans le tracé que j'appellerai tracé du Touat, ou à Aghelachen, en plein Sahara, comme le demande le rapporteur pour son tracé, que j'appellerai tracé des Hogghars.

Les mêmes intérêts extrêmes se trouvant desservis, nous aurons à examiner les éléments de comparaison intermédiaires ci-après.

En premier lieu se présentent les longueurs, que je distinguerai en productives ou improductives, suivant qu'elles s'appliqueront à des régions cultivables et peuplées ou aux solitudes désertes du Sahara. Au point de vue de la longueur totale, nous aurons :

POUR LE TRACÉ DU TOUAT.

Ouargla-Bamba.................. .... 1725 kilom.
Bamba-Kouka.................,..... 1925 —
Bamba-Saint-Louis.. .... 1850 —

Ensemble........... 5500 kilom.

POUR LE TRACÉ DES HOGGHARS.

Ouargla-Aghelachen............... 650 kilom.
Aghelachen-Kouka.................. 1975 —
Aghelachen-Bamba................. 1175 —
Bamba-Saint-Louis................ 1850 —

Ensemble........... 5650 kilom.

Au point de vue des longueurs totales, la différence n'est pas très-considérable, 150 kilomètres seulement, au profit de la ligne du Touat ; mais le disparate est bien plus grand en ce qui concerne la production relative.

Nous avons en effet :

POUR LE TRACÉ DU TOUAT.

Lignes improductives. Ouargla-Bamba.......... .... 1725 kilom.
Lignes productives...{ Bamba-Kouka....... 1925 } 3775 —
{ Bamba-Saint-Louis.. 1850 }

Total..... .... 5500 kilom.

POUR LE TRACÉ DES HOGGHARS.

Lignes improductives. (Ouargla-Aghelachen.... 650)
{ 4/5 Aghelachen-Kouka.. 1580 } 3405 —
(Aghelachen-Bamba. ... 1175)

Lignes productives.{ 1/5 Aghelachen-Kouka.. 395 } 2245 —
{ Bamba-Saint-Louis. ... 1850 }

Ensemble.............. 5650 kilom.

Si nous faisons abstraction de la ligne de Bamba Saint-Louis, considérée peut-être un peu arbitrairement comme productive, mais qui dans tous les cas est commune aux deux combinaisons, la proportion des lignes productives est cinq fois plus forte dans le tracé du Touat que dans celui des Hogghars, et encore ai-je compté largement en considérant comme telle, dans ce dernier cas, 1/5 de la ligne

Aghelachen-Kouka, cette dernière localité n'étant pas, d'après Denham et Clapperton, à plus de trois jours de marche du désert. Quant à l'oasis d'Aïr, que j'ai négligée comme improductive dans ce dernier cas, elle est loin d'avoir l'importance des oasis du Touat, dont je n'ai pas tenu plus de compte dans le premier tracé.

Examinons maintenant les inclinaisons, qui devront jouer un grand rôle dans la question des services que peut rendre le chemin de fer. La ligne du Touat, en partant du tronc commun d'Ouargla, se continuera jusqu'au Niger en palier à peu près continu, n'ayant à franchir qu'un faîte de 4 à 500 mètres aux sources de l'O-Mia. La ligne des Hogghars, pénétrant dans le massif montagneux de ce nom, atteindra un point de faîte dont la hauteur nous est inconnue, mais ne saurait être inférieure à 2000 mètres, car d'une part les montagnes voisines conservent leur neige pendant plusieurs mois, ce qui implique une altitude de plus de 3000 mètres ; d'autre part Barth, en franchissant le faîte au-delà du Ghat, en un point où le massif montagneux a beaucoup moins d'épaisseur, a constaté pour le col de passage une côte de 1800 mètres.

Si sur le tracé du Touat on peut être certain de ne pas avoir de pentes de plus de 0,005, on en rencontrera de 0,015 à 0,020 probablement sur le tracé des Hogghars.

Au point de vue des dépenses de construction, la proportion sera au moins la même qu'à celui des rampes. Un chemin de fer ayant à franchir un faîte élevé devant nécessairement comprendre des développements coûteux à flanc de coteau, avec viaducs et souterrains, coûtera cinq fois plus certainement que la voie du Touat, qui pourra être posée à fleur de sol, sur le terrain naturel. A cette question des dépenses et des difficultés techniques se rattache aussi celle des sables. J'avais indiqué le tracé du Touat jusqu'à Bamba comme étant à peu près exempt de dunes sur tout son parcours. L'enquête ouverte par M. Sabatier auprès des indigènes ne peut laisser subsis-

ter aucun doute à cet égard. Sur la direction des Hogghars, au contraire, on a à traverser la formation des dunes
sur sa plus grande épaisseur. La carte de M. Duveyrier
indiquait, il est vrai, un point de passage comme libre de
sables, désigné par les indigènes sous le nom d'El-Ghazy.
La première exploration de M. Flatters a eu pour résultat
important de nous faire savoir ce qu'on devait entendre
sous ce nom. El-Ghazy n'est point une région distincte,
mais un nom générique qui s'applique aux vallées longi-
tudinales comprises entre deux dunes consécutives[1]. Dans
l'Erg occidental, qui s'étend au Sud des provinces d'Alger
et d'Oran, sur la direction du Gourara, les dunes et les
vallées qui les séparent ont l'orientation générale du massif Algérien et de la vallée de l'O-Chédy, qui le limite vers
le Sud. Les caravanes qui se rendent dans le Gourara
doivent forcément recouper normalement 17 dunes et
autant de vallées intermédiaires. Dans la région qu'a par-
courue M. Flatters, l'orientation des dunes et de leurs
vallées est probablement déterminée par le plissement de
l'Ighargar, dirigé dans le sens du Nord au Sud, ce qui
permet aux caravanes de longer partout où elles sont pra-
ticables les vallées séparatives ; c'est ainsi que M. Flatters
a pu arriver jusqu'à la hauteur de Temassinin sans traverser les dunes, à ce qu'il nous affirme, mais en les louvoyant suivant d'étroits couloirs qui ne sont pas barrés
par les dunes principales, mais qui n'en doivent pas moins
être obstrués en bien des endroits par les dunes secondai-

[1] Cette observation me paraît donner un grand poids à l'hypothèse qui
considérerait les grandes dunes sahariennes comme ayant une origine
plutôt géologique que météorologique ; comme constituées par une série
de collines naturelles, conservant probablement un noyau solide, dont la
surface seule aurait été désagrégée et transformée sur place en sables
mouvants. Tel est particulièrement le cas de certaines roches dolomi-
tiques qui se retrouvent en France sur plusieurs points, notamment dans
le département de l'Hérault, où elles constituent de véritables montagnes
de sables, analogues d'aspect et probablement d'origine avec la plupart
les dunes du Sahara.

res, les sioufs, moins considérables, mais beaucoup plus mobiles que la dune elle-même.

En prenant, au point de vue le plus optimiste, les renseignements fournis par le journal de M. Flatters, on peut en conclure, non pas que la route des Hogghars soit exempte de dunes, mais que, même en plein pays de dunes, il est possible de construire un chemin de fer sans trop grand obstacle de la part des sables, si la direction de ce chemin de fer est sensiblement parallèle à celle des dunes et peut en suivre les vallées intermédiaires.

L'obligation de construire un chemin de fer notablement plus long, beaucoup plus coûteux, ayant des altitudes cinq fois plus fortes à franchir et une proportion au moins égale de lignes improductives, louvoyant partout les dunes au lieu de les éviter nettement, devrait à tous les points de vue faire écarter le choix du tracé des Hogghars. Une autre considération non moins importante, à elle seule, que toutes les autres, doit lui faire préférer la direction du Touat : c'est celle de l'emplacement du point de bifurcation, qui dans les premiers cas se trouverait en plein désert dans une région désolée, tandis que dans le second il serait assis sur le bord du Niger, dans une position exceptionnellement favorable sous tous les rapports stratégiques et commerciaux. On ne saurait méconnaître en effet l'importance qu'est appelée à acquérir ce point de bifurcation de trois grandes lignes formant ensemble un réseau de 5 à 6,000 kilom., qui en fera le foyer politique, commercial et industriel de toutes nos possessions futures au centre du continent Africain. Placé sur les bords du Niger dans une situation commandant les deux grandes régions du fleuve, ayant en face de lui toute la grande presqu'île des Monts-Humbory, Bamba peut être appelé à devenir en moins de vingt ans une ville de plus de 200,000 âmes, qui sera notre Calcutta africain. Placé au contraire dans la région la plus aride du pays des Touareg, ce centre essentiel ne serait qu'une création éphémère, dans laquelle on ne pourrait réunir qu'à très-grands frais les ressources nécessaires à la vie animale de la population qu'il serait cependant indispensable d'y concentrer.

Dans de telles conditions, le choix ne saurait être douteux. Le tronc commun du Trans-Saharien, partant d'un point quelconque du territoire Algérien, doit aboutir au sommet du coude du Niger, à Bamba, après avoir traversé les oasis du Touat. La contrée nous est assez connue pour que nous soyons certain qu'elle n'offre aucune difficulté sérieuse de construction; et nous n'avons qu'à mettre la main à l'œuvre, sans attendre le résultat d'explorations dont le succès est au moins fort incertain, et qui, si elles peuvent ajouter quelque chose à nos données géographiques sur la région montagneuse du Sahara, ne nous apprendront rien de nouveau sur le pays de plaine que nous aurons à traverser.

Toute la question doit aujourd'hui se résumer pour nous dans l'organisation des chantiers de travailleurs, car on ne saurait procéder en pareille matière comme pour le réseau de nos chemins de fer intérieurs. Quelques personnes ont cru qu'on avancerait les choses en procédant par tronçons consécutifs; en classant, par exemple, la section de Biskra à Ouargla après celle de Batna à Biskra, votée en principe, et en les concédant l'une et l'autre à une Compagnie industrielle, comme on a fait pour les sections de Philippeville à El-Guerrah et d'El-Guerrah à Batna. En procédant de cette manière, en recourant à des Compagnies auxquelles on garantirait un minimum d'intérêt, qui n'auraient aucun avantage à pousser activement leurs travaux, qui ne disposeraient d'aucun personnel d'ouvriers permanent et régulier, on arriverait peut-être à exécuter, bon an mal an, 30 à 40 kilomètres de chemins de fer mal conçus, mal construits, avec lesquels on mettrait cinquante ans pour atteindre la vallée du Niger, où nous trouverions depuis longtemps prises par d'autres les positions que nous devrions nous assurer.

En opposition avec ce système, d'autres proposent de procéder à l'américaine, à l'imitation de ce qui a été fait pour le Pacifique, d'une longueur supérieure au Trans-Saharien et qui a été construit en moins de cinq ans. La comparaison n'est pas tout à fait exacte. Les Américains, en construisant le Pacifique, n'avaient qu'à rejoindre deux points nettement déterminés. Une fois la soudure faite entre les deux voies qui s'avançaient à la rencontre l'une de l'autre, tout était terminé pour eux, et ils devaient dissoudre leurs chantiers. Il en sera autrement pour nous. Le Niger atteint, nous ne serons qu'à la première étape de notre marche. La voie de fer, se bifurquant dans deux directions opposées, devra être continuée, vers le Sénégal d'une part, vers le lac Tchad de l'autre, et, une fois là, se poursuivre résolûment par de nouvelles lignes pénétrant de plus en plus profondément dans les régions intérieures du continent africain.

Si nous voulons absolument prendre nos modèles en Amérique, ce n'est pas uniquement à l'exemple du Pacifique qu'on doit s'arrêter. Il faudrait remonter plus haut, aux temps héroïques des conquêtes espagnoles au Mexique et au Pérou. Quand on voit ce qu'ont su faire quelques poignées d'hommes n'ayant pour eux qu'une supériorité relative d'armement et de discipline militaires, s'avançant bravement à travers un pays complétement inconnu, inexploré, au milieu de peuples innombrables dont elles ne connaissaient ni la langue, ni les mœurs, ni l'état de civilisation, si différent de celui des peuples du vieux monde, d'autant plus disposés à repousser l'invasion étrangère qu'ils savaient par expérience qu'ils n'avaient à en attendre que la destruction ou la servitude : quels résultats plus grands ne devrions-nous pas espérer, avec toutes les ressources matérielles et morales dont nous pouvons disposer; avec un armement militaire d'une si écrasante supériorité qu'il rendrait impossible toute velléité de résistance ; avec la ressource d'une voie de fer suivant pas à pas l'armée d'occupation, assurant sa base d'opération et de ravitaillement, ouvrant comme un coin le pays au-devant d'elle, à mesure qu'elle agrandirait sans cesse la zone de soumission à l'arrière ; avec le but moral enfin que nous aurions à poursuivre, qui ne serait pas d'asservir les peuples soumis, mais au contraire de les dégager des étreintes de l'esclavage et des horreurs de la guerre civile, pour les amener, sous notre protectorat pacifique, à jouir largement du bien-être matériel et des avantages moraux de notre civilisation moderne !

J'ai exposé dans une brochure spéciale comment me paraîtrait pouvoir être organisée cette petite armée industrielle. 12 à 15,000 hommes organisés militairement, habitués au maniement des armes en même temps qu'à celui de l'outil du travailleur, bien équipés, bien payés à raison du travail qu'ils auraient effectué, pourraient avancer à raison de 1,000 kilom. par an et assurer, avec le concours de quelques troupes indigènes que l'on organiserait à mesure sous la direction d'officiers français, tout le pays qu'il nous conviendrait d'occuper dans les régions équatoriales de l'Afrique centrale, devrions-nous pousser jusqu'à la rencontre des avant-postes anglais qui, partis de l'extrême Sud, effectuent une marche analogue à la nôtre, mais dans des conditions très-inférieures, à raison de l'énorme distance de leur base d'opération.

Pour accomplir une telle tâche, pour réaliser une œuvre qui, par ses conséquences d'avenir, pourra prendre une place comparable peut-être à celle de la conquête et de la régénération du vieux monde asiatique par les Grecs, il ne serait nul besoin d'un homme supérieur, ayant le génie d'Alexandre, l'héroïque bravoure de Cortez, ni même l'intrépide résolution de Pizarre. La supériorité des moyens d'action suppléerait largement à l'infériorité de la direction. Un général, un ingénieur des plus médiocres suffiraient à conduire à bien l'entreprise, à la seule condition d'avoir quelques aptitudes administratives et par-dessus tout une idée bien nette du but qu'il aurait à poursuivre.

C'est cette conviction qui m'a enhardi à réclamer pour mon propre compte une direction générale que beaucoup d'autres sans doute pourraient exercer aussi bien et mieux que moi, mais à laquelle il me semblait que mon initiative et la continuité de mes études me donnaient quelques droits particuliers.

Je n'ai été guidé du reste, dans mes revendications, par aucune vue d'intérêt personnel. S'il s'en trouvait un plus digne ou tout au moins plus capable de remplir la mission qui m'a été refusée jusqu'ici, je serais heureux de pouvoir applaudir à ses succès. Mais tout au moins faudrait-il que cette direction s'exerçât au grand jour et sur place, dans la plénitude de la liberté d'action d'un chef unique, opérant sous sa responsabilité personnelle, au lieu d'émaner des ordres impersonnels d'un bureau de Ministère ou d'un secrétariat de Commission.

Veuillez agréer, Monsieur le Président, Messieurs et chers Collègues, l'assurance de mon respect et de mon profond dévouement.

A. DUPONCHEL.

Montpellier, 1er octobre 1880.